Apegos fragmentados

Marta J. Sanchís

Apegos fragmentados

Marta J. Sanchís

Edición limitada y numerada de 200 ejemplares

081

Piezas
Azules

COLECCIÓN PIEZAS POÉTICAS

Primera edición, octubre 2025
©Marta J. Sanchís *Apegos fragmentados*

Prólogo: ©Almudena Sánchez

Ilustraciones interiores y de portada: ©Adriana Torres

Fotografía de la autora: ©Esteban Catalán Muñoz

Edición: ©Piezas Azules, editorial independiente
piezasazuleseditorial.com

ISBN: 978-84-129256-7-8
Depósito legal: M-19297-2025

Impreso en Estugraf, Ciempozuelos.

Piezas Azules llamábamos en nuestro lenguaje a los proyectos locos que se nos ocurrían. Eran proyectos con los que nunca nos haríamos ricos, con los que posiblemente nos hiciéramos más pobres, pero eran tan bonitos que tenían la vocación de no quedarse para siempre en el terreno de los sueños.

Poemas en paracaídas

Desde hace tiempo o quizá desde siempre, me han interesado los libros escritos a través del fragmento. Lo que surge de lo minúsculo y que aquello precisamente minúsculo, que andaba solo, se junte con algo de nuevo minúsculo, hasta formar una mezcla (pequeñísima-grandísima) que conforme una explosión de sentido inesperada. Es mi forma de mirar preferida. De mirar las palabras revolcándose en la belleza, en el dolor, construyéndose como literatura (¡un big bang de lo minúsculo!) y eso es precisamente lo que he encontrado en *Apegos fragmentados* de Marta J. Sanchís: una construcción precaria; frases tirando de otras frases, palabras girando alrededor de una sensibilidad herida. Al igual que sus versos son apegos fragmentados, también son apegos rotos.

Fragmentados, rotos y *feroces*, nos recuerda la afilada escritora Vivian Gornick. Puesto que... ¿de qué hablamos cuando hablamos de apego? ¿De amor permanente en el tiempo? ¿De una especie de pegamento?

Existe una inocencia que no se va con el tiempo: la necesidad de hurgar la grieta, con un palito, con el dedo, con la mente. El otro día, mi hijo Teo, que tiene dos años, lo hacía en el parque. Intentaba descifrar las grietas de los troncos de los pinos, como si tras ellas se escondiera otro lenguaje. Uno más sensacional. Una señal marciana.

En el primer poema de Marta leemos:

En el residuo del contagio encontré la articulación mía
que no quería pertenecer,
se escapaba de manera insistente,
repetida,
mi rodilla se desencajaba de su quicio.

y algunos versos más tarde:

y ya andaba yo curvada como quien anda poniendo
su pie en terreno plano y a continuación lo clava
en un hueco del camino,
otra vez liso y de nuevo agujero,
caminaba como si me estuvieran desarticulando por dentro.

La sensación de caminar por un suelo inseguro o de caminar raro, en sentido ladeado, incluso opuesto, atraviesa la mayoría de sus poemas.

El abandono porque: la que se va soy yo
me voy una otra
otra vez
Me estoy marchando constante

Y la idea de que el cuerpo es un caparazón inútil que casi siempre molesta. Sin embargo, a pesar de las molestias y de lo mecánicamente previsibles que somos anatómicamente, el cuerpo sirve para sentir. Es una piel acariciada por los fantasmas del futuro y del pasado. No hay otra forma de llevarlo a cuestas. La autora habla de cuerpo y demolición. Hay tacto por todas partes en estos poemas que son como un diálogo largo y solitario.

Morderse las uñas es infantil, un experimento,
luego la uña se queda en cualquier parte
y, si otra persona la encuentra, puede pensar
que no te conoce como creía.

-

Apegos fragmentados se puede leer del tirón o se puede leer por partes. Se puede cantar, que es lo que más me gusta de los buenos libros. Hay algo que no se olvida dentro de ellos, un ritmo, un tarareo que nos acompaña de por vida.

Volviendo al tema del fragmento, este poemario está dividido en tres partes: familia, salud y amor, que es lo que se desea en Año Nuevo con una copa de champán en la mano y que le quita al libro la pesadez de lo elevado, del misticismo. Muchos libros de poemas (y aquí me voy a poner crítica) buscan el más allá, el éxtasis nuclear y *Apegos fragmentados,* además de ser inteligente, complicado y perturbador, es sencillo. Marta J. Sanchís, muestra la corriente vulnerable, onírica, que le traspasa por dentro. Una electricidad humana. Se la muestra a sus lectoras, pero no pretende enseñar ni explicar, más bien la deja caer.

Cerrar los ojos en un país, acostarse en la acera templada, la mejilla contra la dureza de esta calle que no es como ninguna otra porque se escucha a los demás respirar, entrar en un bosque,

curar las heridas de las ovejas y verlas crecer, parir, ser felices, esas ovejas tan tiernas que se mecen entre la trama y la urdimbre de una rutina

una vida a diario.

El poemario trata lo trascendental desde lo doméstico. Es un inventario emocional que recuerda a lo íntimo-desconocido de Clarice Lispector y a la soledad huérfana de amor de Idea Vilariño. A veces, es como si los poemas de Marta J. Sanchís cayeran del cielo y otras es como si brotaran después de plantar un árbol. Son un encuentro con la poeta. Poemas en paracaídas: cosas que caen y rebotan, hacen daño y crean sobresaltos. Para eso están las cosas y vivimos bajo la extraña fuerza de la gravedad. Estos poemas conviven con la naturaleza dramática del mundo y sus límites. Quizá, en esos límites que nos impiden seguir sintiendo (más), se encuentre la parte más dolorosa del libro que es la que nos enfrenta a la salud mental y lo hace de una forma original, entre lo funcionarial y lo poético. El papeleo y la locura. El prospecto y la animalidad.

quieres tocarme
pero hay demasiada historia

Las tres partes dotan a este libro de una dimensión conmovedora. Si un libro tiene que ser como adentrarse en otra cabeza, aquí tenemos uno que lo hace con suavidad y maestría. Entre lo experimental y lo bucólico, lo tierno y lo febril, una biografía propia.

Almudena Sánchez
Julio, 2025

A mi madre, Silvia Ferrer Medina
me enseñaste que el amor son los abrazos.

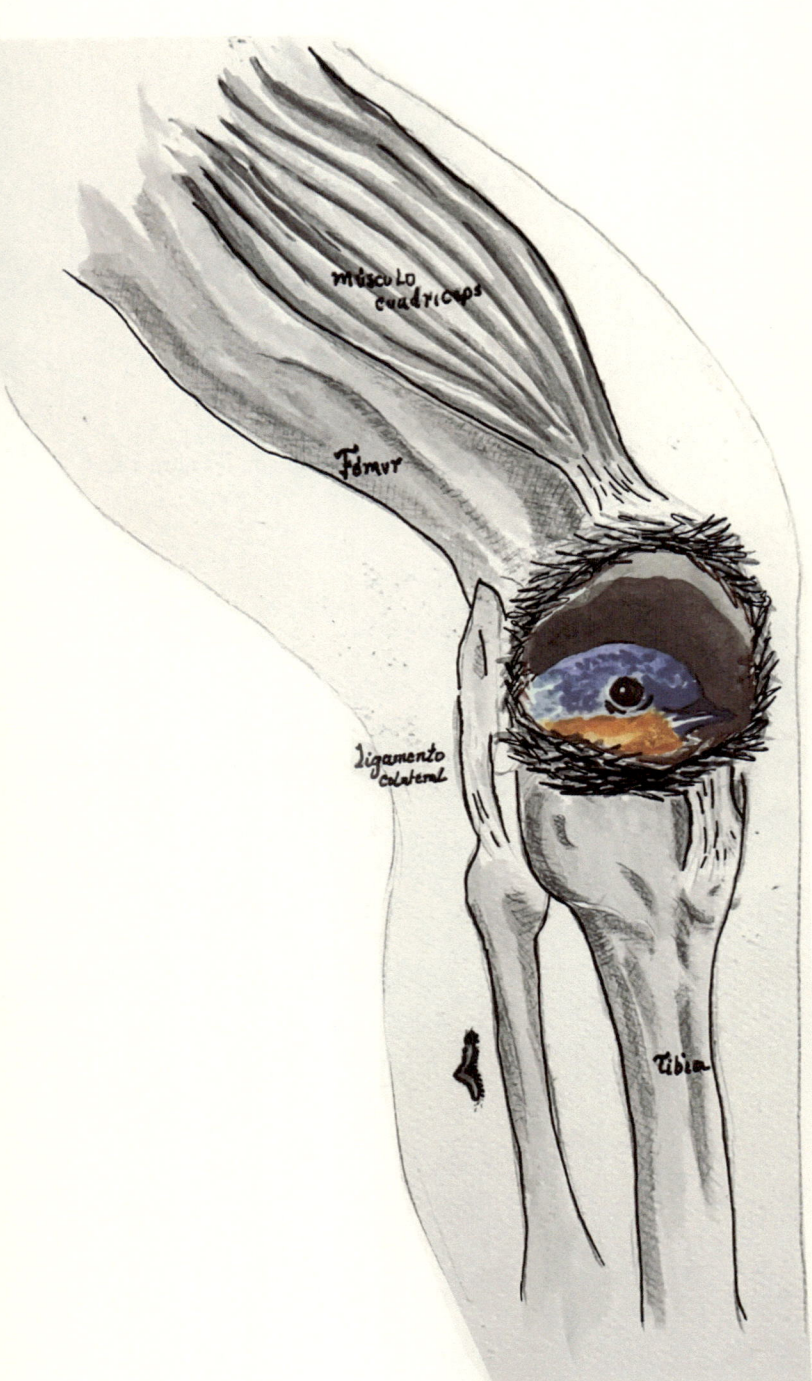

FAMILIA

I

En el residuo del contagio encontré la articulación mía
que no quería pertenecer,
se escapaba de manera insistente,
repetida,
mi rodilla se desencajaba de su quicio.

Salía la rodilla de la concavidad en la que estaba infiltrada,
fulgurada,
y que era su hogar,

> ¿no ves, rodilla mía, que el hueso se comba
> hacia dentro para que tú entres en mí, encuentres
> unas tojas en las que anidar, ramitas de olivo
> que huelen como el aceite, ramitas unas puestas
> encima de otras, rodilla mía, pájaro de mis
> amores, no ves que toda tú has sido criada para
> poner huevos, hacer casa, permanecer?

La calentura me llenó la concavidad de la rodilla,
derramada ejerció
un potente empuje hacia arriba:
la unión entre muslo y cadera comenzó a resentirse.

Se resentía el aparato de piel
que había sido creado como almohadilla de intersección,
mi cadera quiso desentenderse
y ya andaba yo curvada como quien anda poniendo
su pie en terreno plano y a continuación lo clava
en un hueco del camino,
otra vez liso y de nuevo agujero,
caminaba como si me estuvieran desarticulando por dentro.

En el proceso de subir,
el empujón se resistió
y como un trino bajó por el ligamento del muslo
hasta la rodilla y
de ahí al tobillo que se quedó muy quieto,
siendo el tobillo pues sin nosotros saberlo
el centro de todo conocimiento y emoción,
la base:
el pasado es tobillo,
sin el tobillo no se mantiene aquí nadie.

II

Adónde vas a venir si no soy casa.

Pájaro, eres pequeño,
y pequeño me quieres

recoge los frutos rojos
(el exceso)
apriétalo en la boca.

Tengo un cielo dentro
las golondrinas
las cigarras
se vuelven barro expuestas al sol.

Tengo
agua clorada y paredes de casa
se deslizan colina abajo.

León, águila o ganso,
alguien
por favor alguien.

III

Morderse las uñas es infantil, un experimento,
luego la uña se queda en cualquier parte
y, si otra persona la encuentra, puede pensar
que no te conoce como creía.

Mi padre tenía las uñas de los pies duras y gruesas,
mi madre se arrodillaba frente a él,
ponía sus pies dentro de un balde de agua,
los dejaba reposar, volvía
unos veinte minutos después,
mi padre elevaba los pies, ella se los secaba, ella
colocaba la toalla en el suelo, él
los pies encima de la toalla.
Ella se disponía a cortar.

Mi padre veía la televisión, las uñas tan gruesas
que el metal de la tijera entre el borde blanco y la piel
le ardía, se quejaba en voz alta, mi madre decía
espera, un poco más.

Nadie me ha querido como me quería mi padre
cuando nos bañábamos en la piscina de unos apartamentos
y yo encontraba insectos ahogados, marrones,
y me acercaba a él,
le acariciaba los labios con el insecto, a veces incluso
se lo metía en la boca, pero sólo hasta la mitad, él nunca
me pedía que parara. Mi madre aparecía y gritaba:
¡Qué asco!

IV

La agricultora dijo que yo merecería el palo y el barro
por ser la hija del caníbal.

Me molió con el grano
su brazo que desaparecía al entrar en la vasija
detrás del corral.

Llegar a pudrirme,
ser la comida del siguiente animal.

En la próxima cosecha
crecerán de mí
las raíces unidas de lo segado.

V

En el sur no se tumba al árbol, se le pide permiso.

Nuestro campo está infestado de lagartas peludas.

El hacha afilada para desprender
una corteza que el roble forma en nueve años.

Dividir en panas el corcho,
facilitar el transporte a los arrieros, servirse de mulas:
manejan la carga golpeando con sus pezuñas las piedras del
monte.

Es un tipo de árbol protector.

VI

Taparse los oídos.

Desde mi posición, cada vez más baja, me llegaban
mensajes entrecortados como secretos que nadie me decía al
oído, mensajes colectivos que uno enviaba a un otro sin que
le alcanzaran,

no se había dicho con elevación,

> *ruido de ladridos secos.*

Me tapé los oídos porque no quería que nadie me preguntara
luego qué era lo que se había hablado por lo bajo en aquella
reunión,

> *no tienen fiebre ni locura usual.*

VII

me recuerdo pequeña, casi bebé

mi mandíbula tensionada
apretando entre los dientes
el pulgar de mi pie derecho

las flores cuando enferman se humedecen, adoptan otro
color, los insectos ovalados de tres centímetros eran negros
y eran blancos, conquistaron la hoja verde y larga, un verde
maduro que se oscurece en los bordes y se clarifica en
la columna vertebral

las flores rosas estaban cerradas y tenían a su alrededor
un conjunto de seres redondos con una cabeza negra
diferenciada del cuerpo, amarillos como un pájaro recién
nacido; se alimentaban

comer lo que se degrada consiste en lograr satisfacción
a través de la pérdida

con un picor en el lateral de mi pie aparté el pulgar de mi
boca y volví a sumergirme en el meñique creyendo que
estaba otra vez en un pasado atrás y que las expresiones
familiares de los rostros nunca habían cambiado y que
seguíamos ahí en ese jardín y que a las plantas a las flores y
a los niños no se los había llevado nadie

VIII

Era como una caída en vertical y la fiebre.

Yo quería meterme en cama y sudar la calentura, beber
de las sábanas buscando el humor sanguíneo, los herederos
del textil del colchón que me sostenía y había sido
punto de conflicto y de unión.

Me encontré recordando otra vez y una vez otra
la mano de mi madre cubierta de venas que se movían
hacia arriba, palpitando, hinchándose las venas
como monstruas inquietas, querían reventar esas venas, salir
de la alucinación del olor a azufre, el olor de los restos.

Adentro de la sábana me acuerdo de esto y me invade
una especie de parálisis que llega hasta los dedos
de mis pies y los contrae, como la madera de los muebles
expuestos a la intemperie de la lluvia o la nieve,

el crujido de los huesos.

IX

Delante de la casa familiar
se abre un campo.

Mi hermano saca de su bolsillo una mandarina,
explica: la acidez de comer los gajos te provoca un daño en
los dientes,

asevera: es urgente que te los laves.

Recuerdo a un hombre a quien traté como paciente en el
hospital. Tenía pánico de romperse.

*Puede ser cualquiera, la caída se construye, depende de la
vulnerabilidad y una bajada en el raciocinio. Es decir: se
trata de olvidar un aliento largo, un futuro satisfactorio, y
aceptar la atadura que conlleva el choque de cuerpos.*

El cerebro intervenido del paciente se negaba a llevar
el cepillo de dientes a la boca, rechazaba administrar
champú a su pelo y gel a su cuerpo.
Yo lo convencía de entrar en el minúsculo cuarto de baño
y luego él con los pies sobre el desagüe
desnudo
me miraba.

SALUD

X

Trastorno de la personalidad límite

Criterios diagnósticos *en cursiva*, obtenidos del DSM-V (2013, autoría de American Psychiatric Association).

Patrón dominante de inestabilidad de las relaciones interpersonales, de la autoimagen y de los afectos, e impulsividad intensa, que comienza en las primeras etapas de la edad adulta y está presente en diversos contextos, y que se manifiesta por cinco (o más) de los siguientes hechos:

1. Esfuerzos desesperados para evitar el desamparo real o imaginado. (Nota: No incluir el comportamiento suicida ni las conductas autolesivas que figuran en el Criterio 5.)

carne

las veces que nos vimos ayer
Somos

una cáscara vacía de significado los restos
de un escarabajo tejido sobre un fémur
una víscera sobre la hierba
los restos de un ciervo
Eres

quieres tocarme
pero hay demasiada historia

2. Patrón de relaciones interpersonales inestables e intensas que se caracteriza por una alternancia entre los extremos de idealización y de devaluación.

escasez

es una infamia, pero quieres comer, cómo, alejarte,
qué, me gustaría poder invitarte, invitarme a qué,
a un restaurante pequeño

me empuja
el tendón rotuliano
la banda iliotibial
me escuecen las vías sanguíneas

en ti, yo en tú

3. Alteración de la identidad: inestabilidad intensa y persistente de la autoimagen y del sentido del yo.

abrirte los ojos con la punta de mi dedo índice
volverlos a cerrar con los pulgares

4. Impulsividad en dos o más áreas que son potencialmente autolesivas (p. ej., gastos, sexo, drogas, conducción temeraria, atracones alimentarios). (Nota: No incluir el comportamiento suicida ni las conductas autolesivas que figuran en el Criterio 5.)

la casa > nuestra casa > la casa familiar
pero me gustas mucho, me gustaría mucho

encajar tu cabeza en mi útero
bloquearte la vista y el movimiento en el cuello
que empieces a formarte en otro que me pertenezca
sólo a mí

y hacer de tu nariz y tu barbilla una extensión en mi
estómago
cartílagos creados bajo mi piel
extendiéndose para alcanzar algo

Es una casa muy grande
estamos acostumbrados a gritar para encontrarnos.

5. Comportamiento, actitud o amenazas recurrentes de suicidio, o conductas autolesivas.

es mi cuerpo un piar

dentro de una casa
conformada por ladrillos verdes
y las hojas del árbol han sido implantadas artificialmente
colores blanco, azul, violeta

este cuerpo que es mío
permanece, permanece
es múltiple, colectivo
es un bosque

6. Inestabilidad afectiva debida a una reactividad notable del estado de ánimo (p. ej., episodios intensos de disforia, irritabilidad o ansiedad que generalmente duran unas horas y, rara vez, más de unos días).

hambruna
Y nadie a quien poder abrazarse llorando

7. Sensación crónica de vacío.

«i have displayed myself as I was»:
Modos de constituir una biografía

creí que estaba pretendiendo
una serie de mentiras sobre lo que yo era
o lo que yo no era

El yo es un problema o es una pregunta

El pasado de la niña puede estar filtrado o no
por la memoria de la adulta
Ir a la memoria —al pasado—
para reformar su identidad
        buscar sentidos

El abandono porque: la que se va soy yo
me voy una otra
otra vez
Me estoy marchando constante

le pregunto a la otra:
háblame del fragmento

El yo en un diálogo con el yo

«subjectivity and selfhood»
El yo está dividido: en diálogo
ella escoge una
formulación retrospectiva

*8. Enfado inapropiado e intenso, o dificultad para controlar
la ira (p. ej., exhibición frecuente de genio, enfado constante,
peleas físicas recurrentes).*

hay una vasija sin tu cabeza dentro
sólo está la sangre
coloco la palma de las manos alrededor de ella
para calentarme

9. Ideas paranoides transitorias relacionadas con el estrés o síntomas disociativos graves.

en la ciudad, todas decimos: me gustaría lanzarme delante del primer vagón o agarrar a alguien
por los hombros desde atrás y empujarlo
con la fuerza de mi pie sobre su espalda

una de nosotras se apoya en una columna y cierra
los ojos cada vez que espera

XI

Trastorno de la personalidad dependiente

Criterios diagnósticos *en cursiva*, obtenidos del DSM-V (2013, autoría de American Psychiatric Association).

Necesidad dominante y excesiva de que le cuiden, lo que conlleva un comportamiento sumiso y de apego exagerado, y miedo a la separación, que comienza en las primeras etapas de la edad adulta y está presente en diversos contextos, y que se manifiesta por cinco (o más) de los siguientes hechos:

1. Le cuesta tomar decisiones cotidianas sin el consejo y la reafirmación excesiva de otras personas.

en la circunferencia del cambio cuando nos alumbraron y
tu leche primera era mi leche en tus tripas me hice

mamá tus tripas me dieron a mi cara esta que tengo
ahora de persona

2. Necesita a los demás para asumir responsabilidades en la mayoría de los ámbitos importantes de su vida.

epiteliales ajenas se quedan debajo de tus propias uñas

3. Tiene dificultad para expresar el desacuerdo con los demás por miedo a perder su apoyo o aprobación. (Nota: No incluir los miedos realistas de castigo.)

tanto amor, se me parte el cielo de la boca tanto amor

4. Dificultad para iniciar proyectos o hacer cosas por sí mismo (debido a la falta de confianza en el propio juicio o capacidad y no por falta de motivación o energía).

el reflejo propio en la oscuridad de una ventana
que se abre a un patio interior

falta de espontaneidad

movimientos sutiles en las fibras del rostro

5. Va demasiado lejos para obtener la aceptación y apoyo de los demás, hasta el punto de hacer voluntariamente cosas que le desagradan.

cómo describir el interior de un ladrillo
    el interior de una hormiga
    el de una hoja

¿es lo mismo la entidad mental que los procesos cerebrales

si por ejemplo conoces los mecanismos sinápticos que llevan al lóbulo a determinar el verdor de un objeto pero nunca ha visto el verde entonces no sabrá lo que es?

6. Se siente incómodo o indefenso cuando está solo por miedo exagerado a ser incapaz de cuidarse a sí mismo.

la animalidad se pone a toser

7. Cuando termina una relación estrecha, busca con urgencia otra relación para que le cuiden y apoyen.

me imagino enganchándolo a mi grupa, sosteniéndolo con la fuerza de unos músculos espaldares que palpitan, se aferraría con sus dedos y el inicio de sus uñas tiernas a punto de romperse clavadas a los vellos oscuros de mi piel

los vellos que salen de poros abiertos y crecen hasta alcanzar las manos de una criatura viva constituida por mí

8. Siente una preocupación no realista por miedo a que lo abandonen y tenga que cuidar de sí mismo.

Su estómago todavía se está formando —su estómago
aún no sabe cuáles son las enzimas que deben quedarse,
las que deben expulsarse— sus excrementos huelen
como los desechos de una rata adulta.

El límite superior de su cabeza, en el olor de su frente
me ayuda a calmar un segundo de daño constituido por
la repetición del día mientras que, enseguida,
el momento vuelve a empezar de nuevo.

AMOR

XII

Si el amor puede ser
caer enferma después de la vacuna para la gripe.

Si el amor puede ser
pedir:
Teresa enciende la luz,
enciende la luz Teresa,
para que se levante de la cama y ver
la curva que hace su cuello con el hombro
y pensar en su piel como una contradicción.

La piel que,
la memoria con,

ella dice: mi madre no me abrazaba nunca.

Apoya sin entusiasmo su cabeza en mi pecho,
acepta mi mano en su muslo.
Temo que recite la oración de quítate es demasiado.

Ella dice: yo con quien me he entendido bien
es con mi padre,
y también: no quiero volver a nuestro país.

XIII

¿Quieres venir a la curva que hace mi espalda, Teresa?

Déjame confesarme.

Nací en un lugar de misa y gloria,
una ciudad pequeña
donde los autobuses
suben cuestas empinadas.

Se escuchan los sonidos
del crepitar del motor ahogándose,
un chispazo
y el autobús detiene el movimiento.

Alguien dentro dijo:
la amígdala sirve para emocionarse en el vértice de los
acantilados.

XIV

El intermedio entre dos silencios.

Exhausto está el espacio cuando
en medio de las dos
inventamos una palabra.

Te veo con un ojo que te mira, un ojo que te mira quieto,
buscando permanecer inmóvil y demostrar
un tiempo suspendido.

Trato de articular lenguaje.

En instantes encontramos placer
en los trapecios, la parte posterior de las rodillas, el interior
de los tobillos, los músculos isquiotibiales, la última
vértebra de la columna.

Nos miramos.

Queremos salvar la fractura abierta de la lengua con un ojo
entrecerrado y quieto;
un solo ojo basta, es suficiente.

XV

Cada vez era una aguja
entrando en la dermis
desde el borde de mi muñeca

penetrando
hasta pulsar el tendón del pulgar

      el pulgar daba un salto
      en su docilidad.

Te pedí: tócame aquí.
      Tócame la huella.

La yema de tu índice dibujó
desde el borde de mi pulgar
hasta la muñeca.

Fue sólo un roce
      una caricia,
te pedí satisfacción porque
me escocía el hueso
como si un ácaro masticara, lento, un tendón.

Entonces, Isabel, ¿entiendes?
Así
tu roce
tu yema rozando
desde la muñeca
hasta el pliegue de mi codo
en su quiebre, en su doblez

tu índice
esa presión tocando
era ínfima

      inútil
      ineficiente.

XVI

Nos buscamos las marcas en el cuerpo de la otra.
Es un instinto de protección.

Me dice que tengo —en la piel bajo los pechos y en la línea
de vello fino entre los pechos y el ombligo— unas marcas
como si me hubiera salpicado aceite, en forma ovalada,
algunas más redondas, con tono rosado.
Declara: esto no te lo he hecho yo.

Isabel tiene dos líneas enrojecidas saliendo de su perineo
y continuando un recorrido ondulado hacia las nalgas. Me
contesta que las marcas ovaladas se repiten al final de mi
espalda. Queda fuera de mi ángulo de visión si me giro.
Dice: tu piel está un poco más oscura aquí

¿qué será?

XVII

Ella y yo escuchamos las cigarras
¿cómo es el sonido?

Como un paseo en el tiempo, sin ser conscientes,
porque la atmósfera se respira caliente y el sopor hace sentir
que te vas durmiendo.

Se escucha el graznar de unos pájaros verdes y pequeños,
Isabel dice que son agapornis, pero están cerca del mar,
sin nadie que los atrape e intente venderlos,
dice que quizá son una colonia que se formó a partir de
una pareja reproductora que se escapó de alguna casa, pero
los agapornis son humanos y si los dejas en libertad ya no
saben sobrevivir: ir al trabajo a las nueve, sentarse frente
a un ordenador, realizar una serie de tareas automáticas,
cenar, dormirse, etc.

XVIII

Manos y venas que resaltan en manos.

Nariz y orificios que se agrandan para permitir
un mayor paso del aire.

Vienes a ofrecer tu cadera, tu cresta de Ilión,
te
    acercas
        enseñándome
        una pelota de goma que
        guardabas en la parte baja de tu espalda.
Ha provocado un moretón.

Lamer la axila, entrar al olor de la otra
el sabor afincado deshaciéndose en el paladar.

Si han pasado los años;
deseo domesticado que viene a quedarse

abalanzarse: un cuello
clavado a la espalda
desde el cráneo hasta la última vértebra.

El músculo de una ingle cede bajo la piel de los párpados.

XIX

Comprar la tierra, acicalar la tierra, encontrar el sopor.

Cerrar los ojos en un país, acostarse en la acera templada,
la mejilla contra la dureza de esta calle que no es como
ninguna otra porque se escucha a los demás respirar, entrar
en un bosque,

curar las heridas de las ovejas y verlas crecer, parir, ser
felices, esas ovejas tan tiernas que se mecen entre la trama
y la urdimbre de una rutina

una vida a diario.

Y yo comencé a ahogarme, como quien arrastra a alguien,
pesca de arrastre, pero yo deseaba estar sola y sentada,
atrapar si acaso un pececito, arrancarle el aguijón, abrirle
la boca y ver sus sesos.

Cuando pienso en ti mi amor te veo desmenuzándote
con el tiempo, haciéndote espacialmente más pequeña,
disolviéndote en los líquidos de tus procesos

y entonces, seguir amándote pero distinto, queriéndote
en la ansiedad de que se hace de noche y cada vez quedan
menos horas, si es que acaso existe el tiempo,
                                    ¿existe el control?

XX

Duerme mi amor,
duerme que yo te lameré la cara,
te daré el calor de mi lengua,
la humedad de mi respiración y
cada mañana limpiaré
las durezas que se forman en las esquinas de tus ojos,
los puntos dorados en las pestañas,
el fluido que recorre tu frente,

lavaré la saliva blanca de la comisura de tus labios
y con la lengua plana estabilizaré cada una de las partes
de tu nariz;
tan grande tu nariz, tan roja, tan hermosa.

Agradecimientos

El tejido de este poemario comenzó en el taller de poesía de Mariela Dreyfus del máster en Escritura Creativa de la Universidad de Nueva York en la primavera de 2019. Un lugar —los dos años de escritura, los dos años de beca que toda mi vida agradeceré a la Comisión Fulbright— donde se me animó por primera vez a armar un proyecto de largo aliento en este género literario. Uno de los poemas, muy breve, sobre una vasija y su sangre, había surgido antes, en el 2014, mientras hacía el papel de actriz en una casa preciosa y sucia de un inglés que había escrito una obra de teatro experimental en Londres. Me resulta como entrar a una dimensión de otro mundo el hecho de que estos poemas ahora tengan hojas físicas y se puedan sostener con la materialidad de las manos, y por ello quiero agradecer a Piezas Azules, Andrea López Montero y Patricia Lodín, por creer en ellos —al final el acto de publicar, sobre todo en editoriales independientes, es una creencia que se construye por el amor.

Quiero agradecer a Laura, Emily Roberts, por leer desde que éramos adolescentes cada nota, borrador e idea que se me ha ido ocurriendo: esa amistad de lectura de años me anima, amiga, como una avalancha. A Natalia Chávez porque el ser inseparables en el máster, esa hermandad que creamos en una ciudad tan deshumanizada como Nueva York me demostró que se puede escribir en compañía: las charlas interminables en los cafés, en los diners, en la biblioteca y finalmente en nuestro muy deseado apartamento compartido. A mis amigas queridas del máster, Salomé Benalcázar y Natalia Sánchez, quienes iniciaron los estudios un año después que nosotras y llegaron para dar una enorme ternura. A Esteban Catalán por la inspiración y el amor a la literatura, por conversaciones que cuando terminan se desbordan en forma de párrafos o poemas. A Justine Hervé, mi hermana francesa, que escribe versos y no me permite leerlos, y a la que sigo intentando convencer de que se mude a Granada. A Samia Bouzid, mi hermana estadounidense, que siempre cuenta con las palabras más sabias. A James Mesiti por motivarme con su escritura experimental y también con cada aspecto que me cuenta de su investigación sobre el surrealismo. A Roser Macià por una amistad que surgió en la adolescencia desde la admiración y el afecto hacia la escritura de la otra. A Farah Dih, amiga de doctorado y de escritura. A Norma Kisaiti por animarme siempre a escribir, desde diferentes enfoques. A Alejandro Marín, mi editor en Dieciséis, por el acompañamiento literario hasta el día de hoy, cuando todavía nos enviamos textos y leemos juntos en la distancia. A Fernando Peña por publicar el ciervo y por su ternura constante. A Adriana Torres por animarse a compartir su arte y crear pinturas a partir de los textos y que hayamos publicado este libro juntas. A Rosi Alcántara por el regalo del bolígrafo y el cariño del mensaje «para que sigas firmando libros». A Ana Muñoz Padrós por su lectura del ciervo y su edición —junto a Natalia Sánchez— de la crónica sobre ser psicóloga en prácticas en un hospital. A mis amigas Carla Reitano, Judith García y Cecilia Godino. A Eva Gallud e Iosune de Goñi por su poesía, por sus escrituras. A Juncal Baeza, Sara Navarro Rioboó y Iuliana S. Apostu por enseñarme cuando las leo y cuando hablo con ellas. A Isabel Murcia y Sara Martínez Navarro por elegir tres de estos poemas y publicar versiones previas de ellos en su revista literaria *América Invertida* en la primavera de 2019. A Julio Isla por el mismo gesto en su revista *Lucerna*. Y a Roger Santivañez por crear desde el cariño a la poesía un encuentro literario en la Universidad de Pensilvania donde conocí a Azahara Palomeque cuando los doctorados nos estaban sacando las ganas de escribir. A mis familias materna y paterna, por su apoyo y cariño, y por el aprendizaje. Las conjunciones que se generan a partir de los afectos—los apegos. Y, por último, a las verdaderas Isabel y Teresa.

He intentado volcar en este poemario la dimensión de que no existe un abismo ontológico entre terapeuta y paciente, que me agotan las jerarquías en ese sentido y que cualquier persona puede sentir un pozo en el pecho y merece toda la ternura, la validación, la comprensión, la compasión y el amor. Quiero agradecer a Mercedes Prieto, psicóloga durante más de veinte años de la Unidad de Agudos del Hospital Virgen de las Nieves, por haber sido una mentora que me guio desde la intuición y el corazón. Ella que, a diferencia de otros trabajadores en ese espacio, acompañaba a los pacientes con amor y respeto.

A mi madre y mi hermano, por el tejido familiar que es vital, espacio en el que se producen los cuidados con sus desencuentros y reparaciones. A ellos, por el lugar seguro donde habitar y ser feliz. A mi padre, porque con su espíritu de niño tuvo toda la vida la ilusión de que yo publicara y, aunque no pudo ver en vida ninguno de los libros, deseo en el alma que los haya sentido. De mi madre y de mi padre son estos libros.

Por último, un mensaje a las múltiples teorías sobre el apego: una petición a quienes siguen teorizando y poniendo en práctica la psicología: que en sus saberes y sus haceres pongan la voluntad de hacernos sentir más acompañados y menos solos.

ÍNDICE

Amor

Nota de la editora

Esta obra ha sido financiada gracias a los ingresos obtenidos por la venta de los títulos editados por Piezas Azules hasta ahora, muchas gracias a los autores de los mismos:

Ropa tendida (ocho coladas), de Patricia Lodín
Ansiógeno, de Jesús Alonso García
Primer Párrafo, de Paloma Mozo Sanjuán
Donde planean los pájaros, de Mara Carver
El papel de un cromo, de Marian Peyró
Intentar la casa, de Andrea López Montero
Música y leyenda, de Javier Lodín
Podía haber sido de otro modo, de Irene Torres Redecilla
Días de Reykjavík, de Ernesto Diéguez Casal
Tiempo de frutos, de Ramiro Gairín
Estratos, de Mariano Peyrou y Mar Lozano
Nunca esta lengua, de Virginia Saji
Herbario de amores dulces, VVAA
Palpar la luz, de Ana Casado
Las claves del Vuelo 605, de Javier Lodín
Mosaico de barr(i)o movedizo, de Salomé Ballestero
El pulso herido, de Daniel Herrera
El miedo tranquilo, de Mariano Peyrou y Mar Lozano
La Sal, de Jimena Cid y Ana Cid
Caleidoscópica, de María José Beltrán
La dulzura del ornitorrinco, de Andrea López Montero
Modelo de escritura 354, de Álvaro Bueno Sáez
Refrán de amor, de Sofía Martín Jiménez
Un silencio blanco, de Olga Azabal D.
Las lindes, de Mónica Sánchez
Los clavos de Ovidio miran las estrellas, de Alicia Louzao
Ahí donde el riesgo late, de Iria Fariñas

Comienzo a escribir esta nota de editora tras llevar zambullida las últimas semanas en este poemario, precisamente porque este libro provoca una inmersión, te atrapa y te deja los ojos llenos de imágenes, asombros, recovecos.

Sucede que suecede que hay algo mágico en la lectura de un manuscrito cuando el cuerpo y el ojo te llevan a decir sí. En la edición la comprensión de esa primera lectura crece y, como un guiso, se va enriqueciendo a base de insistencia, intercambio y escucha. La lectura pierde cierta inocencia y gana profundidad, se hace abisal, algo de lo que este libro sabe mucho.

Pese a leerlo ya con ojos de vieja conocida hay versos que siguen provocando una y otra vez la misma sorpresa que en su primera lectura, el mismo deseo de tener el libro en las manos para poder atesorar y subrayar los versos, tratar de grabarlos en la memoria, alimentarse de ellos.

Porque en este poemario se sospecha el diálogo, el lápiz, las admiraciones.

Es un poemario que te persigue, que no acaba en una lectura, que exige más y ahí, brillandito entre joyas, me quedo absorta en cada una de las revisiones, sedienta por poder tener el libro impreso, deseosa de compartir este asombro con los demás, con la yo que lea esto en unos años. Versos que cambiaran de formato y pasaran a estar de puño y letra en el cuaderno de los hallazgos, donde no hay editoriales ni ISBN ni contexto temporal o mesa de novedades, solo versos ubicados en un libro y en un autor, cerca de otros. Sé que varios de este poemario irán a ese lugar amplio del cuaderno de las anotaciones y no puedo esperar a tenerlo en la mano para apuntar *comer lo que se degrada consiste en lograr satisfacción a través de la pérdida.* Casi estoy empezando la revisión de la maquetación, pero la sed no espera.

Así sucede con el resto del libro, decir algo más de lo que dice Almudena en el prólogo es insistir en lo ya dicho, por eso quiero retener aquí un algo más, lejos de los nombres propios y del entendimiento primero, esa sensación de estar llegando a un fondo que se conoce porque nos hermana. Así los tres temas que vehiculan el libro: familia, salud, amor. Como si hubiésemos bajado a esa laguna del conocimiento primigenio, pero no fuese exactamente conocimiento, sino experiencia, energía, asombro. Ir tanteando qué es esto de vivir, padecer, amar. Una laguna hecha de verbos y de tacto.

Los grandes temas leídos desde esta verdad-otra que solo permite el poema, quebrándonos, jugándonos en el salto de estar dentro, sobre, doblados en el cuerpo, en las ramas, en el oleaje sordo que sorprende si te paras a mirar. Algo así como sacar una mandarina para explicar su acidez, una fisicidad cuya lógica puede romperse, un cerebro intervenido, una realidad que zas y se fragmenta y, al hacerlo, desvela nuevas realidades. Algo así como *una caída en vertical y la fiebre.*

Y a su vez estas categorías –familia, salud, amor– están diluidas, pues el ojo que mira en salud es el del cuidado y el cariño y el cuerpo se retuerce y enferma en la familia, en el amor, y la amada es, a su vez, hija de un espacio y de otros cuerpos. Fragmentos que parecen unidos a través de la mirada poética de la autora que muestra sin juzgar y permite la vulnerabilidad: *si el amor puede ser caer enferma después de la vacuna para la gripe.*

Gracias, Patricia, compañera, por la complicidad una vez más a la hora de dar el sí, por la escucha, por la sabiduría y por dejarme formar parte de esto y poder encontrarme libros así.

Gracias, Adriana, por atreverte a este reto de la ilustración editorial y establecer este diálogo inolvidable con los versos de Marta.

Gracias, Almudena, por tu tiempo y tu sensibilidad y hacernos hueco dentro de la vida y su desquicie y poder acompañar con tus palabras a Marta.

Gracias, Marta, por confiar en nosotras para publicar esta perla luminosa, con todas sus profundidades y abismos. Ha convocado un océano y está lleno de animalitos vivos de los que aprender.

Andrea López Montero
Agosto, 2025

Este libro se terminó de imprimir entre dos estaciones, con el calor encendido de unos meses de verano muy duros que nos acompañarán durante años en la memoria y con la esperanza de que el otoño permita el cuidado, la escucha y el cariño que defiende el poemario, que con tanto amor observa a los otros. Con el deseo de que la impresión de libros así pueda suavizar el mundo un poco o al menos plantear preguntas y enunciar la urgencia, que falta nos hace.